163

Fuzz et Fizzbi

LES CAVERNEUX

SCENARISTE
THIERRY CAILLETEAU
DESSINATEUR
CIRO TOTA
COLORISTE
J.-J. et YVES CHAGNAUD
LETTREUR
REMY BORDELET

Glénat

H724054

Réalisation Partenaires
Dépôt légal avril 1993

PAR UNE NUIT COMME CELLE-LÀ, AUCUN DES OCCUPANTS DU MONASTÈRE DES MOINES BARIOLÉS N'AURAIT JAMAIS ACCEPTÉ DE METTRE SA TONSURE DEHORS, MAIS CE LIEU DE MÉDITATION ET D'ÉTUDE N'ABRITAIT PAS QUE DE PAISIBLES MOINES...
Poudre-des-campeth!
Kasson nouddlah!
Effilondi sy!
Pasmû raï!
Oizôrnifleur!
Ram'n tafrezz!
HÉ, HÉ! JE SENS QUE ÇA VA MARCHER!
JE TE SIGNALE QUE C'EST MON IDÉE D'AVOIR SUBTILISÉ UN GRIMOIRE DE MAGIE DANS LA BIBLIOTHÈQUE DES MOINES PENDANT QU'ILS NOUS FAISAIENT FAIRE DE LA COPIE À LEUR PLACE...
SILENCE!
UTILISE LA TÉLÉPATHIE OU TU VAS ALERTER LE GARDIEN, CRÂNE DE TROLL!
... ET CESSE DE M'INTERROMPRE OU TU VAS PERTURBER TOUT LE SORTILÈGE!
IMAGINE CE QUI POURRAIT SE PRÉSENTER À LA PLACE DE LA CRÉATURE QUE NOUS INVOQUONS POUR NOUS FAIRE ÉVADER!
BRRRRR...
AHEM...
...Hon napaksa-hafer!
Théalla bourh!
Tappa vuleur!
1

BRRRROOOMMMMMM
Cépourro jourduyi oupourdem...
HÉ?
?
ALAAARME!
A' MOI!
DU RENFORT!
SOIS LE BIENVENU, VARBEURDE!
AU NOM DES PUISSANCES INNOMMABLES PAR LESQUELLES NOUS T'AVONS ARRACHÉ À TON MONDE, JE T'ORDONNE DE NOUS OBÉIR!
GRORK!

PSSST! PASSE-MOI LE PETIT LIVRE DE CE MAUDIT FIZZBI!*
HÉ, HÉ! IL VA APPRENDRE QU'ON NE LAISSE PAS TRAINER SES OBJETS PERSONNELS QUAND ON A DES ENNEMIS PRATIQUANT LA MAGIE NOIRE!
* VOIR FUZZ ET FIZZBI: "LE MANGERUNES".
SERS-TOI DE TON FLAIR, VARBEURDE, ET CONDUIS-NOUS AU PROPRIÉTAIRE DE CECI!
SNIFF! SNIFF!
HALTE-LÀ, CANAILLES!!
ACCROCHE-TOI!
HÉÉÉÉÉ!!!
YARK! YARK! YARK! YARK!
GARGL!
PAR LE SAINT CAMAÏEU! CATASTROPHE! ON NOUS AVAIT CONFIÉ LEUR GARDE!
PRIONS LE GRAND ÊTRE CHROMATIQUE POUR QUE LES FRÈRES GOBELÉON NE COMMETTENT PAS DE NOUVEAUX FORFAITS, NOUS EN SERIONS RESPONSABLES, FRÈRE HAGDO!
HÉLAS, FRÈRE BENDO!
HÉ! ON POURRAIT INVERSER LES PLACES, DE TEMPS EN TEMPS!
À PEINE LIBRE, ET DÉJÀ INSATISFAIT DE TON SORT!...
...JE ME CONTENTE BIEN DU MIEN, MOI!
PRENDS-EN DE LA GRAINE!
3

À SALMIGONDE, LA MENACE QUI PESAIT SUR LA POPULATION N'ÉTAIT PAS D'ORDRE MÉTÉOROLOGIQUE...
UNE FOIS UN LUTIN ORPHELIN IL ÉTAIT. SOUS LES FEUILLAGES DE SPLYNN, SA FAMILLE DEMEURAIT. FIZZBI LE FLAMBOYANT SANS PEUR IL SE NOMMAIT.
RECUEILLI NOUVEAU-NÉ PERDU DANS LA FORÊT, JAMAIS PLUS DE SON PEUPLE ON N'ENTENDIT PARLER, UN MYSTÉRIEUX FLÉAU LES AYANT EFFACÉS.
?
? ?
KAÏ!
DE SES PARENTS PERDUS, LES NOMS IL IGNORAIT. MAIS UNE LUTINE COUTUME LE POUVAIT RENSEIGNER; SUR LE DOS DES LUTINS, À PEINE ÉTAIENT-ILS NÉS, UN ARBRE GÉNÉALOGIQUE ON AVAIT TATOUÉ.
À L'ENCRE SYMPATHIQUE, LES RUNES ÉTAIENT TRACÉES. SEUL LE JUS D'UN CITRON POUVAIT LES RÉVÉLER...
?!
BRAVOOO!
BIS!
BRAVISSIMO!
PAROLES ET MUSIQUE DE BRUTUS KOMPILOR, VOTRE SERVITEUR!
CLAP! CLAP! CLAP!
UN NECTAR POUR LES OREILLES!
JE N'AI JAMAIS EU UN ÉLÈVE AUSSI DOUÉ! HIPS! FOI D'ALAMBIC 1ER!
LA RIME MANQUE ENCORE UN PEU DE RICHESSE, HOC, MAIS L'INTERPRÉTATION EST PROMETTEUSE, QUAND ON SAIT LA DIFFICULTÉ DE MAÎTRISER UN INSTRUMENT COMME LA BARZOÏNGUE À CORDES! HIC!

ALORS LÀ, C'EST VOUS QUI LE DITES!
J'ÉMETS RESPECTUEUSEMENT DES RÉSERVES!
MA BIÈRE EN A TOURNÉ!
?!
!
DITES DONC, IGNARES, SI VOUS N'APPRÉCIEZ PAS MA TECHNIQUE AUX INSTRUMENTS À CORDES, JE PEUX VOUS FAIRE UN SOLO D'INSTRUMENTS À PERCUSSION!
ET LÀ, JE SUIS UN VIRTUOSE!..
SLAM!
BRUTUS! VOTRE MAJESTÉ!
VENEZ, NOUS ALLONS DÉVOILER LE TATOUAGE DE FIZZBI!
...
...
...
...
!?
CRIK!
GROK!
CRIIK!
OH PARDON!
POP!
POP!
VOUS DISIEZ?
?!
5

PLUS VITE, BRAQUEPUCIER! J'AI HÂTE DE CONNAÎTRE LES NOMS DE MES ANCÊTRES, MOI!
YAP!
CHAQUE CHOSE EN SON TEMPS, JEUNE FEU FOLLET!
POUR OBTENIR DU JUS DE CITRON, IL FAUT D'ABORD COUPER LE CITRON EN QUESTION! SACRÉBOUC!
VOYONS VOIR...
YAP! YAP!
SILENCE, FUZZ!
PAR LA BARBE DU LÈPRECHAUN!
ALORS? QUE DISENT LES RUNES?
MES AMIS, IL NE S'AGIT PAS D'UN ARBRE GÉNÉALOGIQUE MAIS D'UN MESSAGE DE DÉTRESSE! LE TEXTE DIT...
..." AU SECOURS! NOTRE VILLAGE EST ATTAQUÉ PAR DES CRÉATURES SORTIES DE LA MONTAGNE. NOUS SOMMES PERDUS. VOUS QUI TROUVEZ CET ENFANT, VENEZ À NOTRE AIDE!"
ÇA PAR EXEMPLE!
J'AI BESOIN D'UN PETIT REMONTANT!
HIC!
ALLEZ, VIENS, FUZZ!
HÉ! FIZZBI! QUELLE MOUCHE TE PIQUE?
QUELLE QUESTION!
JE VAIS À LA FORÊT DE SPLYNN SAUVER MON PEUPLE, TIENS!
YARF!

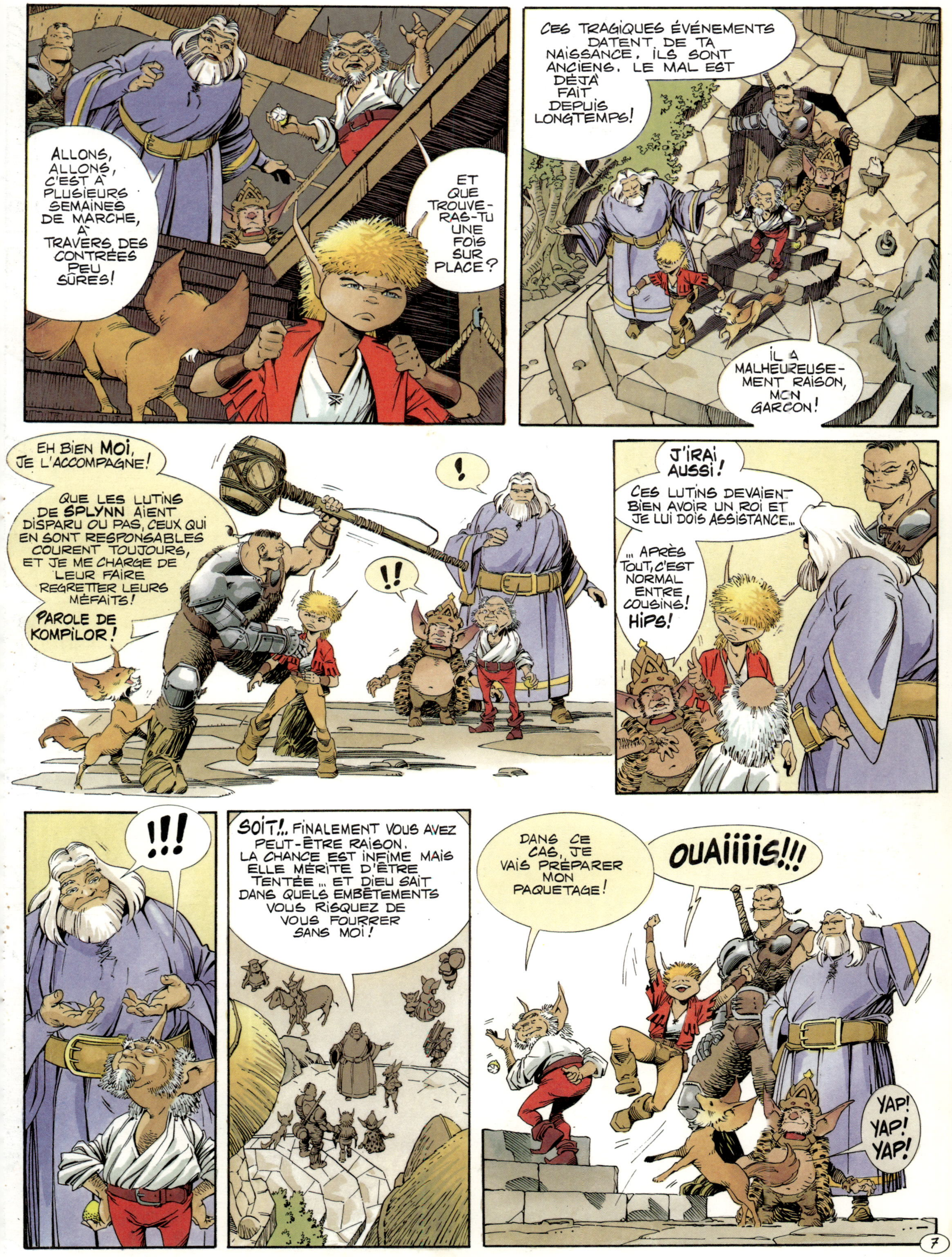
ALLONS, ALLONS, C'EST À PLUSIEURS SEMAINES DE MARCHE, À TRAVERS DES CONTRÉES PEU SÛRES!
ET QUE TROUVE-RAS-TU UNE FOIS SUR PLACE?
CES TRAGIQUES ÉVÉNEMENTS DATENT DE TA NAISSANCE. ILS SONT ANCIENS. LE MAL EST DÉJÀ FAIT DEPUIS LONGTEMPS!
IL A MALHEUREUSE-MENT RAISON, MON GARÇON!
EH BIEN MOI, JE L'ACCOMPAGNE!
QUE LES LUTINS DE SPLYNN AIENT DISPARU OU PAS, CEUX QUI EN SONT RESPONSABLES COURENT TOUJOURS, ET JE ME CHARGE DE LEUR FAIRE REGRETTER LEURS MÉFAITS!
PAROLE DE KOMPILOR!
!
!!
J'IRAI AUSSI!
CES LUTINS DEVAIENT BIEN AVOIR UN ROI ET JE LUI DOIS ASSISTANCE...
... APRÈS TOUT, C'EST NORMAL ENTRE COUSINS! HIPS!
!!!
SOIT!.. FINALEMENT VOUS AVEZ PEUT-ÊTRE RAISON. LA CHANCE EST INFIME MAIS ELLE MÉRITE D'ÊTRE TENTÉE ... ET DIEU SAIT DANS QUELS EMBÊTEMENTS VOUS RISQUEZ DE VOUS FOURRER SANS MOI!
DANS CE CAS, JE VAIS PRÉPARER MON PAQUETAGE!
OUAIIIIS!!!
YAP! YAP! YAP!
7

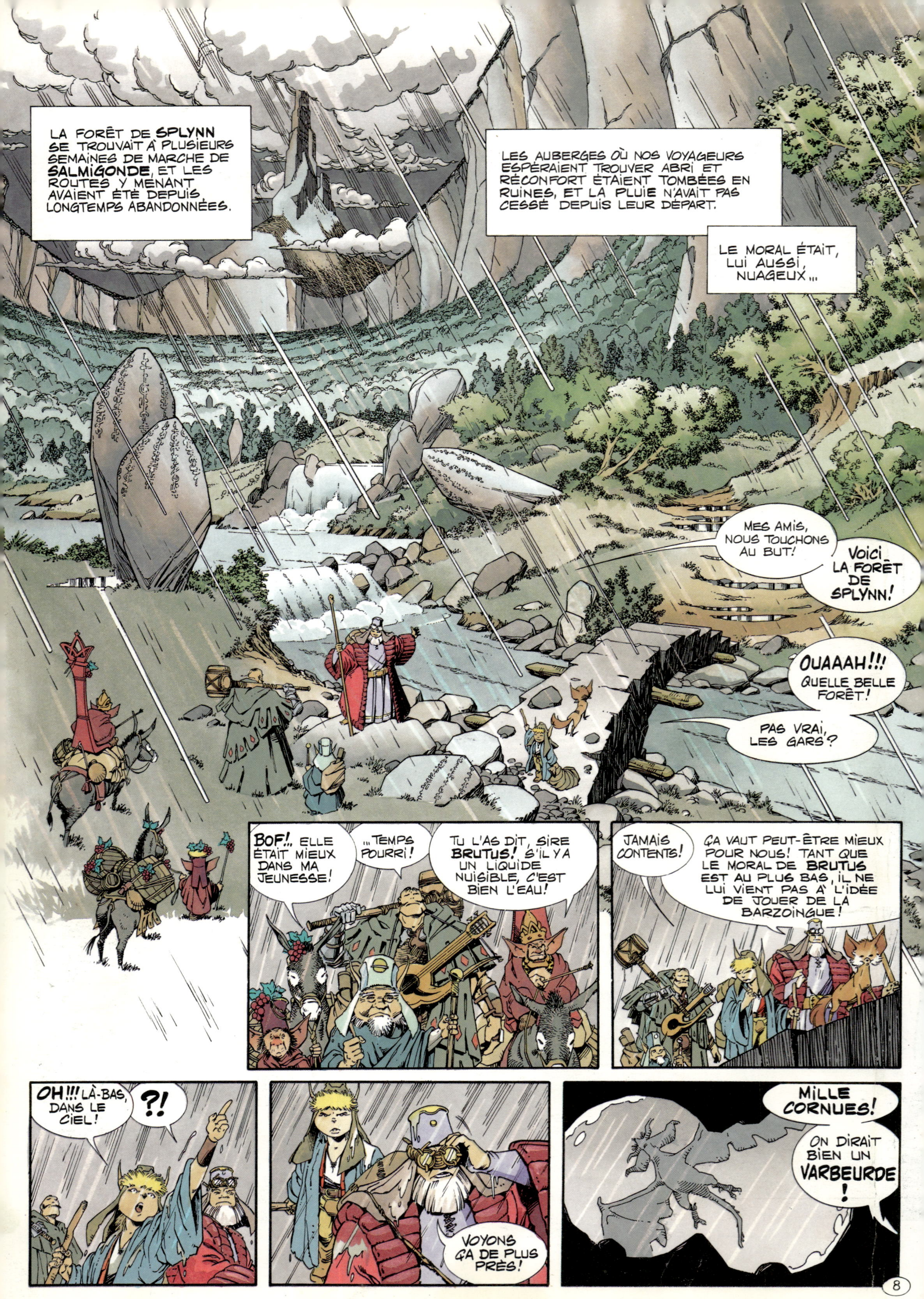

LA FORÊT DE SPLYNN SE TROUVAIT À PLUSIEURS SEMAINES DE MARCHE DE SALMIGONDE, ET LES ROUTES Y MENANT AVAIENT ÉTÉ DEPUIS LONGTEMPS ABANDONNÉES.
LES AUBERGES OÙ NOS VOYAGEURS ESPÉRAIENT TROUVER ABRI ET RÉCONFORT ÉTAIENT TOMBÉES EN RUINES, ET LA PLUIE N'AVAIT PAS CESSÉ DEPUIS LEUR DÉPART.
LE MORAL ÉTAIT, LUI AUSSI, NUAGEUX...
MES AMIS, NOUS TOUCHONS AU BUT!
VOICI LA FORÊT DE SPLYNN!
OUAAAH!!! QUELLE BELLE FORÊT!
PAS VRAI, LES GARS?
BOF!.. ELLE ÉTAIT MIEUX DANS MA JEUNESSE!
...TEMPS POURRI!
TU L'AS DIT, SIRE BRUTUS! S'IL Y A UN LIQUIDE NUISIBLE, C'EST BIEN L'EAU!
JAMAIS CONTENTS!
ÇA VAUT PEUT-ÊTRE MIEUX POUR NOUS! TANT QUE LE MORAL DE BRUTUS EST AU PLUS BAS, IL NE LUI VIENT PAS À L'IDÉE DE JOUER DE LA BARZOINGUE!
OH!!! LÀ-BAS, DANS LE CIEL!
?!
VOYONS ÇA DE PLUS PRÈS!
MILLE CORNUES!
ON DIRAIT BIEN UN VARBEURDE!

FLÛTE! IL A DISPARU DANS UN NUAGE...
ÉTRANGE... IL NE TRANSPORTAIT PERSONNE...
... D'ORDINAIRE, CES CRÉATURES MALÉFIQUES SERVENT DE COURSIERS AUX ADEPTES DE LA MAGIE NOIRE.
GRRRR...
HUM... MAUVAIS PRÉSAGE!
LA VUE D'UN VARBEURDE ANNONCE SOUVENT UNE CATASTROPHE!
IL PLEUT SUR L'HYPERCONDRIEEEEEEUH, MAIS MON COEUR, DE JOIE EST REMPLIEEEEEEUH...
TIENS! JUSTEMENT, LA VOILÀ!
QUELQUE PART CHANTE MA MIEEEEEEUH, PAR UN DRAGON GARDÉE À VIEEEEEEUH...
HI-HAN! HI-HAN!
AAAAAH! JE ME SENS RAJEUNIR DE CENT ANS!
NOM D'UNE MANDRAGORE! CE SOUDAIN CHANGEMENT D'HUMEUR M'A L'AIR TOUT À FAIT SURNATUREL!
YAP?
MON AMOUR NE CRAINT PAS LA PLUIEEEEEEUH, NI LE FEU PAR LE DRAGON VOMIEEEEEEUH...
QU'EST-CE QU'IL Y A, FUZZ?
?!
ÇA ALORS! VENEZ VOIR!
TOUT S'EXPLIQUE! UNE FÉE VOYAGEUSE!
ON EN CROISE RAREMENT DEUX DANS SA VIE...
QUAND ON SE SENT SUBITEMENT ENVAHI PAR LA JOIE DE VIVRE ET L'ENVIE D'ÊTRE AGRÉABLE À SON PROCHAIN, C'EST QU'UNE FÉE VOYAGEUSE EST PASSÉE PAR LÀ!
ELLES PARCOURENT LE MONDE EN SE NOURRISSANT DE ROSÉE, ET ELLES DÉGAGENT AUTOUR D'ELLES UNE AURA DE BONHEUR ET DE GENTILLESSE!
9

JE VAIS LA RÉVEILLER EN DOUCEUR AVEC UNE BALLADE !
NOOOOOOON!!!
HMMMPF...
N'Y VOIS PAS UNE CRITIQUE DE TON ORGANE VOCAL, BRUTUS...
... MAIS CETTE FÉE EST FAROUCHE ET FUGITIVE COMME LE BONHEUR QU'ELLE DISPENSE !
LA DÉRANGER SERAIT LA PERDRE.
ESSAYONS PLUTÔT DE NOUS SOUVENIR DE CET INSTANT POUR AFFRONTER LES ÉPREUVES QUI NOUS ATTENDENT !
EN ROUTE !
NOUS SOMMES PRESQUE ARRIVÉS !
ÇA Y EST ! ILS SONT ENTRÉS DANS LA FORÊT !
SINISTRE CRÂNE DE TROLL ! SI TU N'AVAIS PAS RENVOYÉ LE VARBEURDE, ON L'AURAIT LÂCHÉ SUR EUX ET IL SERAIT DÉJÀ EN TRAIN DE LES METTRE EN PIÈCES !
TU PARLES !
SI LA GROSSE BRUTE NE L'AVAIT PAS ASSOMMÉ, LE MAGICIEN L'AURAIT CHANGÉ EN CANARI, OUI !
MAIS ALORS, QU'EST-CE QU'ON FAIT ?
NOTRE HEURE VIENDRA...
ON VA DÉJÀ CAPTURER CETTE SALE FÉE !
ON POURRA TOUJOURS LA VENDRE À UN CIRQUE !
10

OOOOH...
?!
OOOOH!..
OOOOH...
COMME ELLE EST JOLIE!
PAUVRE PETITE CHÉRIE, ELLE DOIT AVOIR FROID!
NON, MON FRÈRE BIEN-AIMÉ, ELLE EST TROP DÉLICATE POUR QUE TU LA COUVRES AVEC CE GROS SAC DE MÉCHANTE TOILE.
VEILLE SUR SON SOMMEIL PENDANT QUE JE RETOURNE CHERCHER MA COUVERTURE DANS MON PAQUETAGE!
PRENDS PLUTÔT LA MIENNE. JE NE ME LE PARDONNERAIS PAS SI TU T'ENRHUMAIS À MA PLACE.
MAIS...?!
QU'EST-CE QUI M'A PRIS, À MOI?
VOILÀ QUE JE ME SUIS SENTI **BON** ET **GÉNÉREUX**!
BERK! BERK! BERK! BERK!
C'EST CETTE MAUDITE FÉE!
ELLE NOUS A **ENSORCELÉS**!
IL FAUT QUE JE TIRE L'AUTRE IMBÉCILE DE LÀ, J'AI ENCORE BESOIN DE LUI...
11

DU LAURIER! VOILÀ CE QU'IL ME FAUT!
SES FEUILLES IMMUNISENT CONTRE LE POUVOIR DES FÉES!
UN INSTANT PLUS TARD...
...ET EN PLUS, C'EST ASSEZ SEYANT!
ENFIN! TU ME MANQUAIS!
ÇA MARCHE! TOUT EST NORMAL, JE LE DÉTESTE!
ET LA COUVERTURE?
PLUS TARD, MON BON FRÈRE. JE T'AI APPORTÉ UN PRÉSENT!
UN CADEAU? COMME C'EST GENTIL À TOI!
?!
!
SALETÉ!
FROCH!
ET VOILÀ! LA FÉE EST DANS LE SAC!
J'AI EU CHAUD!
PARTONS! ON A ASSEZ PERDU DE TEMPS...
ET N'ENLÈVE PLUS CETTE COURONNE!
HMMMMMMFF...
DÈS QU'ON EN AURA FINI AVEC LES AUTRES, ON TIRERA UN BON PRIX DE CETTE FÉE!
...ET ELLE PASSERA LE RESTANT DE SES JOURS EN CAGE!
HÉ! HÉ!..
12

WARK WARK
WARK WARK WARK
WARK WARK WARK
WARK WARK WARK WARK WARK
WARK WARK WARK WARK
WARK WARK WARK

WARK
LA V'LÀ!!!
WARK
WARK
WARK
WARK
ON LA TIENT!!!
HU! HU! HU!
WARK
WARK
WARK
WARK
WARK
WARK
TU CROYAIS NOUS ÉCHAPPER, PETITE GRUE ?!
T'ES PAS LA PREMIÈRE À ESSAYER!
ALORS, TU SAIS CE QUI T'ATTEND...
... TU VAS PASSER À LA MARMITE!
ARF
WARK
ON VA LA FAIRE DESCENDRE DE LÀ!
OUAIS! CELUI QUI LA TOUCHE CHOISIRA LE MEIL-LEUR MORCEAU!
WARF!
TUMP!
WARK
WARK
HU! HU! HU!
KOMPILOOOR!!
?
?
?
?

B-TOK!
BUK!
BOK!
EN AVANT!
CHAAARGEZ!!
?!!
YAAP!
À TA SANTÉ!
KLONG!
À LA TIENNE!
KLONG!
TCHIN-TCHIN!
KLONG!
LA FUMÉE VOUS DÉRANGE, PEUT-ÊTRE?
YAP! YAP!
WOUP!
HU?!
PSHIIIITTT
TANT PIS!
Fumsed hubelj!
KOF! KOF!
PAF!
À MON COMMANDEMENT...
15

LAARGUEZ!!!
TCHAC!
!?!
ROMBLL...
PONK!
PLOTCH!
PLASH!
À L'ATTAQUE!!!
YA-AP!
VICTOIRE! ILS SONT TOUS HORS D'ÉTAT DE NUIRE!
SAUF UN QUI M'A FILÉ ENTRE LES DOIGTS!
GRRR...
MALHEUREUSE-MENT, NOS PERTES SONT LOURDES...
... DEUX TONNEAUX PRESQUE PLEINS!
QUI QUE VOUS SOYEZ, MERCI MES AMIS!
16

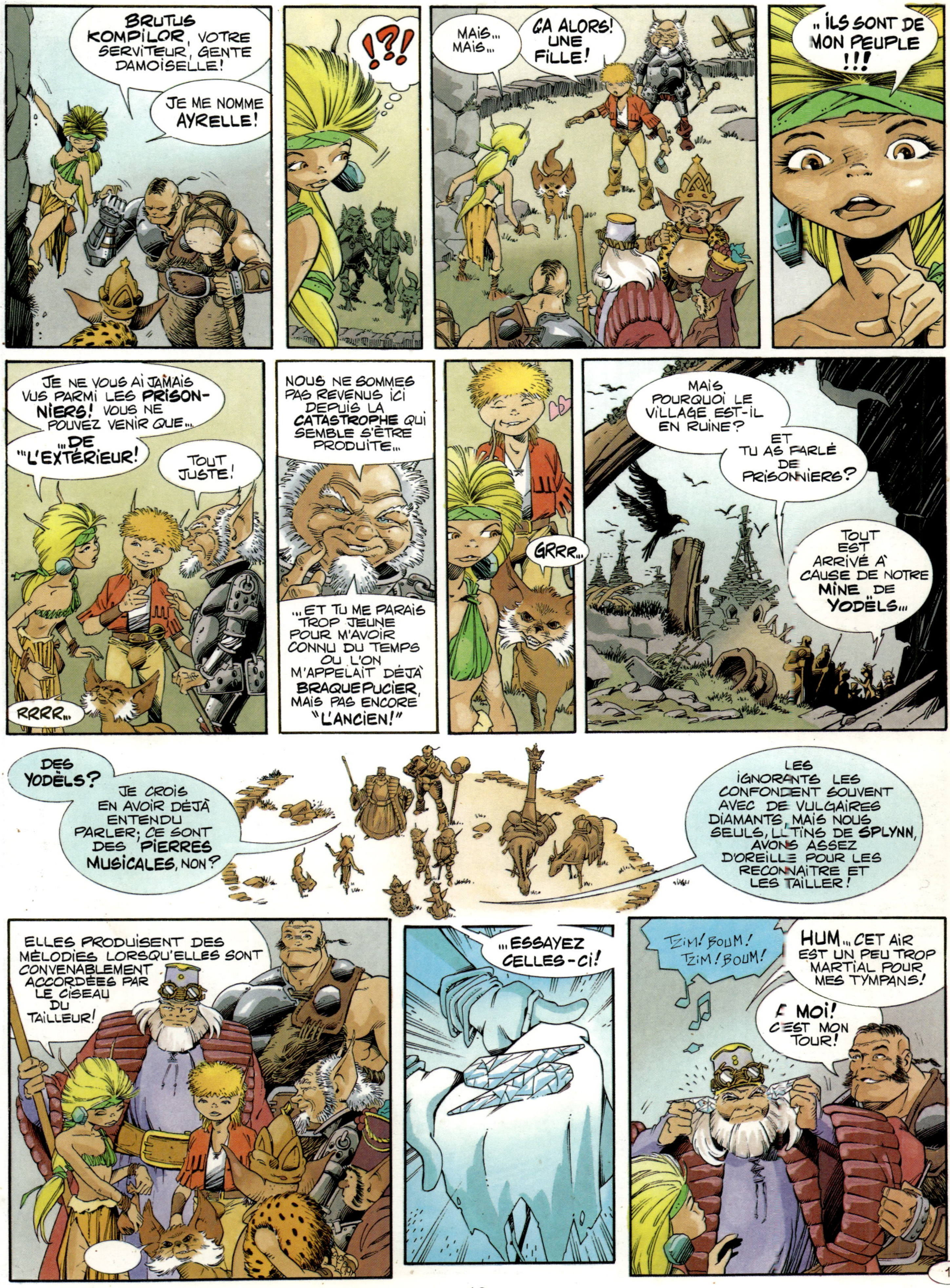
BRUTUS KOMPILOR, VOTRE SERVITEUR, GENTE DAMOISELLE!
JE ME NOMME AYRELLE!
!?!
MAIS... MAIS...
ÇA ALORS! UNE FILLE!
... ILS SONT DE MON PEUPLE !!!
JE NE VOUS AI JAMAIS VUS PARMI LES PRISONNIERS! VOUS NE POUVEZ VENIR QUE...
...DE L'EXTÉRIEUR!
TOUT JUSTE!
RRRR...
NOUS NE SOMMES PAS REVENUS ICI DEPUIS LA CATASTROPHE QUI SEMBLE S'ÊTRE PRODUITE...
...ET TU ME PARAIS TROP JEUNE POUR M'AVOIR CONNU DU TEMPS OÙ L'ON M'APPELAIT DÉJÀ BRAQUEPUCIER, MAIS PAS ENCORE "L'ANCIEN!"
GRRR...
MAIS POURQUOI LE VILLAGE EST-IL EN RUINE?
ET TU AS PARLÉ DE PRISONNIERS?
TOUT EST ARRIVÉ À CAUSE DE NOTRE MINE DE YODÈLS...
DES YODÈLS?
JE CROIS EN AVOIR DÉJÀ ENTENDU PARLER; CE SONT DES PIERRES MUSICALES, NON?
LES IGNORANTS LES CONFONDENT SOUVENT AVEC DE VULGAIRES DIAMANTS, MAIS NOUS SEULS, LUTINS DE SPLYNN, AVONS ASSEZ D'OREILLE POUR LES RECONNAÎTRE ET LES TAILLER!
ELLES PRODUISENT DES MÉLODIES LORSQU'ELLES SONT CONVENABLEMENT ACCORDÉES PAR LE CISEAU DU TAILLEUR!
...ESSAYEZ CELLES-CI!
TZIM! BOUM! TZIM! BOUM!
HUM... CET AIR EST UN PEU TROP MARTIAL POUR MES TYMPANS!
À MOI! C'EST MON TOUR!
17

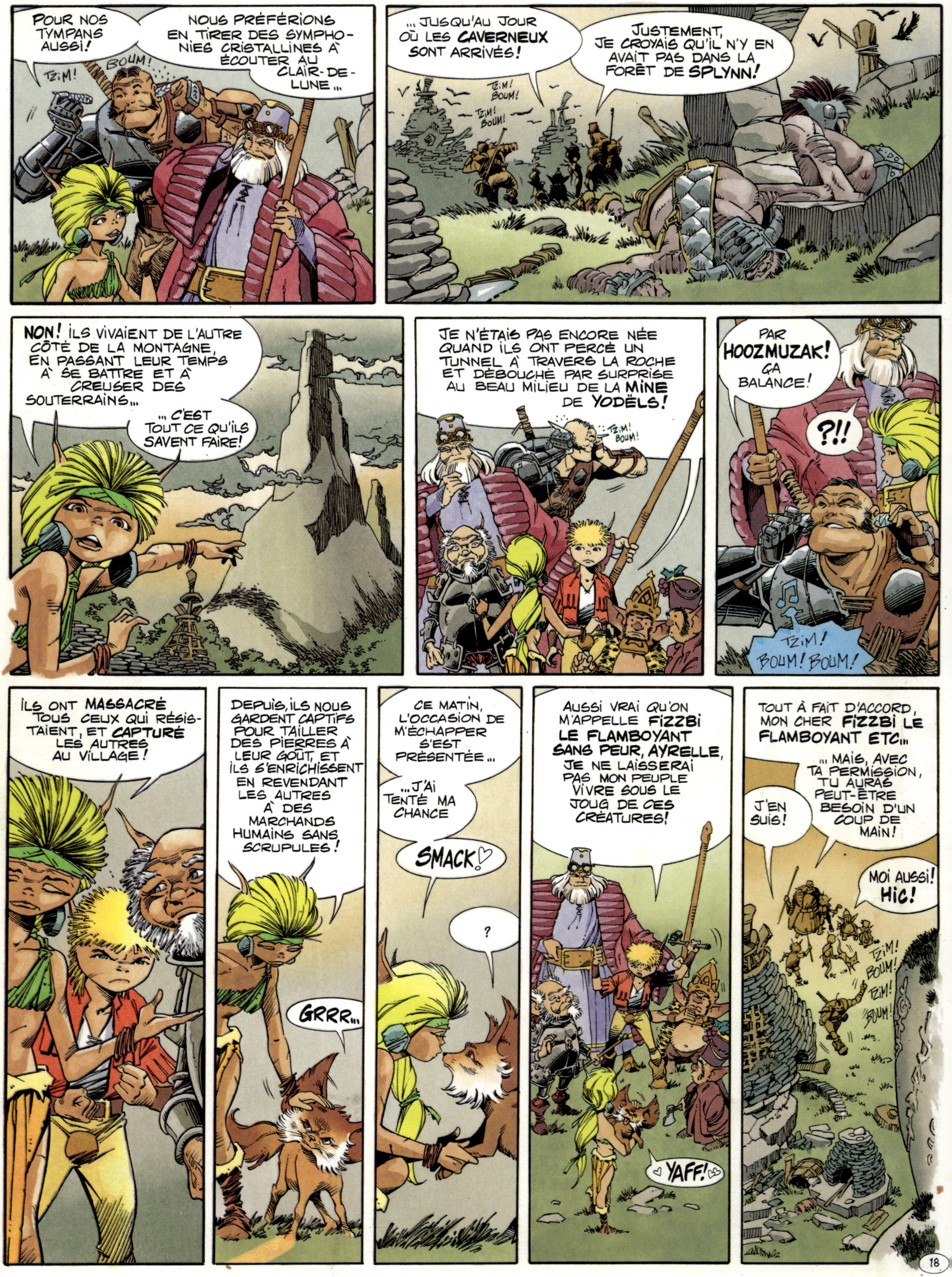

POUR NOS TYMPANS AUSSI!
NOUS PRÉFÉRIONS EN TIRER DES SYMPHONIES CRISTALLINES À ÉCOUTER AU CLAIR-DE-LUNE...
TZIM! BOUM!
... JUSQU'AU JOUR OÙ LES CAVERNEUX SONT ARRIVÉS!
JUSTEMENT, JE CROYAIS QU'IL N'Y EN AVAIT PAS DANS LA FORÊT DE SPLYNN!
TZIM! BOUM!
TZIM! BOUM!
NON! ILS VIVAIENT DE L'AUTRE CÔTÉ DE LA MONTAGNE, EN PASSANT LEUR TEMPS À SE BATTRE ET À CREUSER DES SOUTERRAINS...
... C'EST TOUT CE QU'ILS SAVENT FAIRE!
JE N'ÉTAIS PAS ENCORE NÉE QUAND ILS ONT PERCÉ UN TUNNEL À TRAVERS LA ROCHE ET DÉBOUCHÉ PAR SURPRISE AU BEAU MILIEU DE LA MINE DE YODËLS!
TZIM! BOUM!
PAR HOOZMUZAK! ÇA BALANCE!
?!!
TZIM! BOUM! BOUM!
ILS ONT MASSACRÉ TOUS CEUX QUI RÉSISTAIENT, ET CAPTURÉ LES AUTRES AU VILLAGE!
DEPUIS, ILS NOUS GARDENT CAPTIFS POUR TAILLER DES PIERRES À LEUR GOÛT, ET ILS S'ENRICHISSENT EN REVENDANT LES AUTRES À DES MARCHANDS HUMAINS SANS SCRUPULES!
GRRR...
CE MATIN, L'OCCASION DE M'ÉCHAPPER S'EST PRÉSENTÉE...
... J'AI TENTÉ MA CHANCE
SMACK
?
AUSSI VRAI QU'ON M'APPELLE FIZZBI LE FLAMBOYANT SANS PEUR, AYRELLE, JE NE LAISSERAI PAS MON PEUPLE VIVRE SOUS LE JOUG DE CES CRÉATURES!
YAFF!
TOUT À FAIT D'ACCORD, MON CHER FIZZBI LE FLAMBOYANT ETC...
... MAIS, AVEC TA PERMISSION, TU AURAS PEUT-ÊTRE BESOIN D'UN COUP DE MAIN!
J'EN SUIS!
MOI AUSSI! HIC!
TZIM! BOUM! TZIM! BOUM!
18

RENDU FOU FURIEUX PAR L'ÉVASION D'AYRELLE, LE GRAND MORBAK - ROI DES CAVERNEUX PUISQU'IL ÉTAIT LE PLUS FORT ET LE PLUS MÉCHANT D'ENTRE EUX - AVAIT ENVOYÉ DES PATROUILLES DANS TOUTE LA FORÊT.
À LA TÊTE DE L'UNE D'ELLES, IL ENRAGEAIT...
GRRRR! TOUJOURS PAS DE TRACES DE CETTE PETITE PESTE!
JE DÉTESTE QU'ON S'ÉVADE...
SI VOUS NE LA RETROUVEZ PAS, DES TÊTES VONT TOMBER!
SEIGNEUR! SEIGNEUR!
QU'EST-CE QUE C'EST QUE CETTE ÉPAVE?
C'EST BRELOK! IL SE TRAÎNAIT VERS NOUS!
RHAAAAAA...
OÙ EST LE RESTE DE TON DÉTACHEMENT? PARLE!
VE FUIS... LE FEUL... FURVIVANT...
ON AVAIT RATTRAPÉ LA FILLE À L'ANFIEN VILLAVE...
ON ÉTAIT FUR LE POINT DE LA CAPTURER...
QUAND UNE BANDE NOUS EST TOMBÉE DEFFUS PAR FURPRIFE...
UNE BANDE? UNE BANDE DE QUOI?
UN MAVIFIEN, UN GUERRIER, ET TROIS OU QUATRE EFPÈFES DE NAINS...
QUOI? C'EST TOUT? ET C'EST ÇA QUI VOUS A VAINCUS?
LE GUERRIER TAPAIT TRÈS FORT... AÏE!!!
19

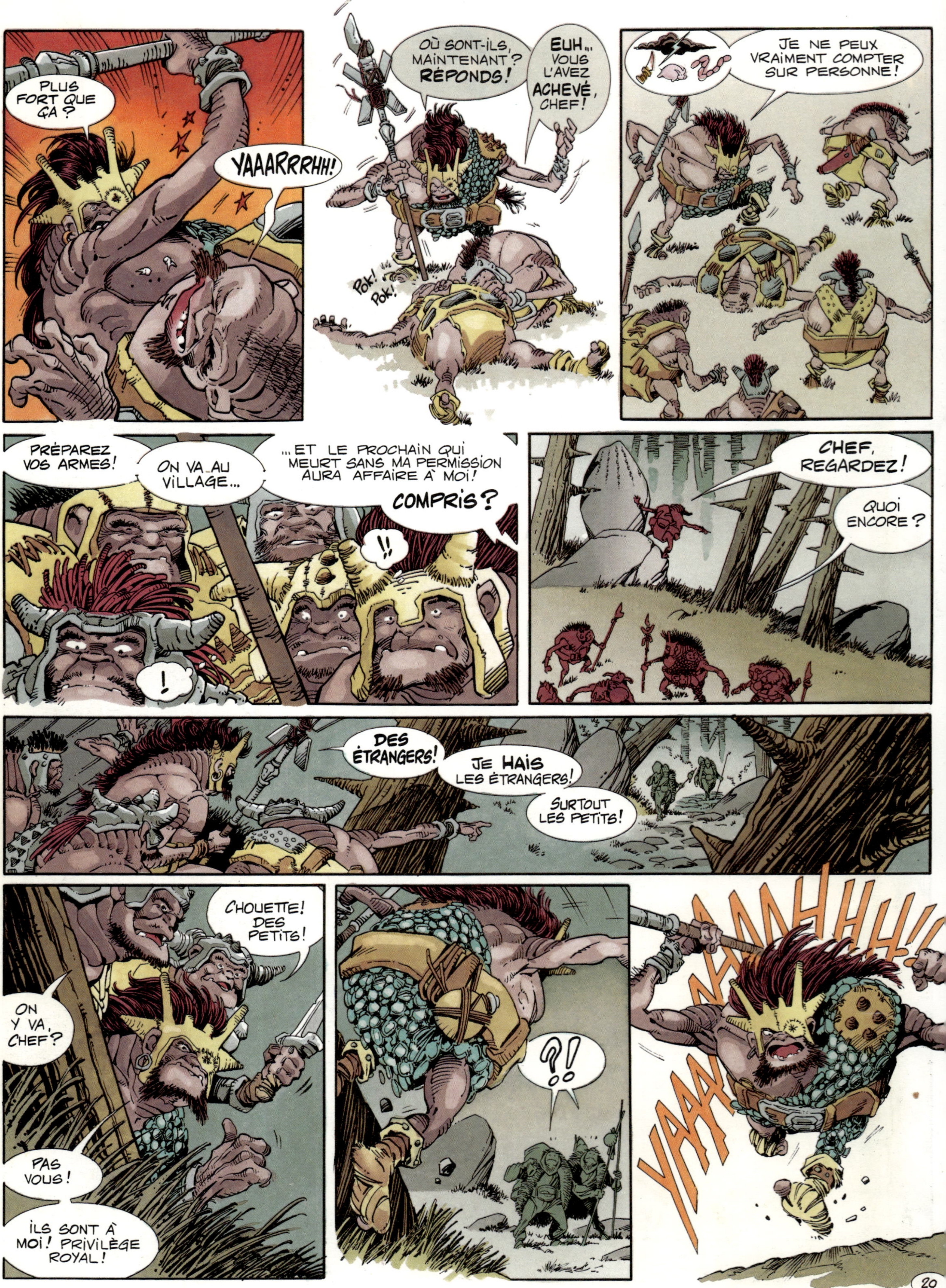
PLUS FORT QUE ÇA ?
YAAARRRHH!
OÙ SONT-ILS, MAINTENANT ? RÉPONDS !
EUH... VOUS L'AVEZ ACHEVÉ, CHEF !
POK! POK!
JE NE PEUX VRAIMENT COMPTER SUR PERSONNE !
PRÉPAREZ VOS ARMES !
ON VA AU VILLAGE...
...ET LE PROCHAIN QUI MEURT SANS MA PERMISSION AURA AFFAIRE À MOI !
COMPRIS ?
!!
!
CHEF, REGARDEZ !
QUOI ENCORE ?
DES ÉTRANGERS !
JE HAIS LES ÉTRANGERS !
SURTOUT LES PETITS !
CHOUETTE ! DES PETITS !
ON Y VA, CHEF ?
PAS VOUS !
ILS SONT À MOI ! PRIVILÈGE ROYAL !
?!
YAAAAAAAHHH!!
20

CHACUN POUR SOI! FUYONS!
ÍMBÉCILE! TU OUBLIES LA FÉE!
?!
BIENVENUE À SPLYNN, NOBLES ÉTRANGERS!
JE SUIS LE BON ROY MORBAK LE GRAND! JE RÈGNE SUR TOUS LES BRAVES CAVERNEUX DE LA MONTAGNE!
NOUS, C'EST LES FRÈRES GOBÉLEON...
...POUR VOUS SERVIR, VOTRE ALTESSE SÉRÉNISSIME!
MAIS NON, C'EST MOI! LES VISITES SONT TROP RARES POUR NE PAS BICHONNER LES VOYAGEURS! VOUS ÊTES MES HÔTES!
C'EST TROP D'HONNEUR!
NOUS SOMMES FLATTÉS!
QU'EST-CE QUI VOUS FERAIT PLAISIR?
GOÛTER À MA TERRINE DE NAIN EN CROÛTE?
VOUS SERVIR DANS LE TRÉSOR ROYAL?
?!
?!
LES DEUX, VOTRE ALTESSE!
REFUSER SERAIT VOUS OFFENSER!
QUEL TACT! VOUS ME COMBLEZ, MES AMIS!
SALUT LES GARS!
MAIS NOUS AURIONS UNE PETITE REQUÊTE À FORMULER...
ACCORDÉE D'AVANCE!
21

NOUS AIMERIONS BIEN RÉGNER AVEC VOUS PENDANT QUELQUES TEMPS ...
... POUR VOIR COMMENT ÇA FAIT!
NOUS EN RÊVONS DEPUIS TOUT PETITS!
MAIS BIEN ENTENDU, VOYONS!
C'EST TELLEMENT BON DE DONNER DES ORDRES CRUELS ET D'AVOIR TOUJOURS RAISON MÊME QUAND ON A TORT!
IL FAUT QUE VOUS ESSAYIEZ ÇA TOUT DE SUITE!
HOLÀ, MES INFIDÈLES ET DÉLOYAUX SUJETS, MES AMIS RÈGNENT DÉSORMAIS AVEC MOI!
OBÉISSEZ-LEUR COMME À MA ROYALE PERSONNE!
?!..
?!..
GAAARDE À VOUS!
Hi! Hi! ÇA MARCHE!
MORBAK EST FOU!
T'OCCUPE! IL A LE DROIT, PUISQUE C'EST LE CHEF!
FORT BIEN! NOS ALTESSES DÉSIRENT ÊTRE ESCORTÉES JUSQU'À VOS CAVERNES!
QUELLE BONNE IDÉE!
NOUS ALLONS FÊTER VOTRE ARRIVÉE!
VOUS AVEZ ENTENDU, VOUS AUTRES?
UNE... DEUX... UNE... DEUX... UNE... DEUX...
CHOUETTE! ON VA SE TAPER DE LA TERRINE DE NAIN!
ABRUTI! ON VA SURTOUT RECRUTER UNE HORDE INVINCIBLE DE CAVERNEUX QUI SERA L'INSTRUMENT DE NOTRE VENGEANCE! ARH! ARH!
22

VOILÀ LA MINE!
C'EST LÀ-DEDANS QUE NOUS VIVONS EN CAPTIVITÉ.
LE GRAND PORTAIL DONNE ACCÈS AUX SOUTERRAINS PAR OÙ ILS SONT ARRIVÉS!
GRRR...
CHUUUT...
C'EST CURIEUX, ILS NE FONT PAS TRAVAILLER LES LUTINS À LA MINE!
ILS NE SE PRIVERAIENT PAS DE CE PLAISIR! DONNER DES GRANDS COUPS DE PIOCHE DANS LE ROC, C'EST LEUR PASSE-TEMPS FAVORI!
BROOO...
ILS ONT TERMINÉ LEUR JOURNÉE. ILS RENTRENT!
NOM D'UNE HALLEBARDE! C'EST LE MOMENT DE LEUR TOMBER DESSUS PAR SURPRISE!

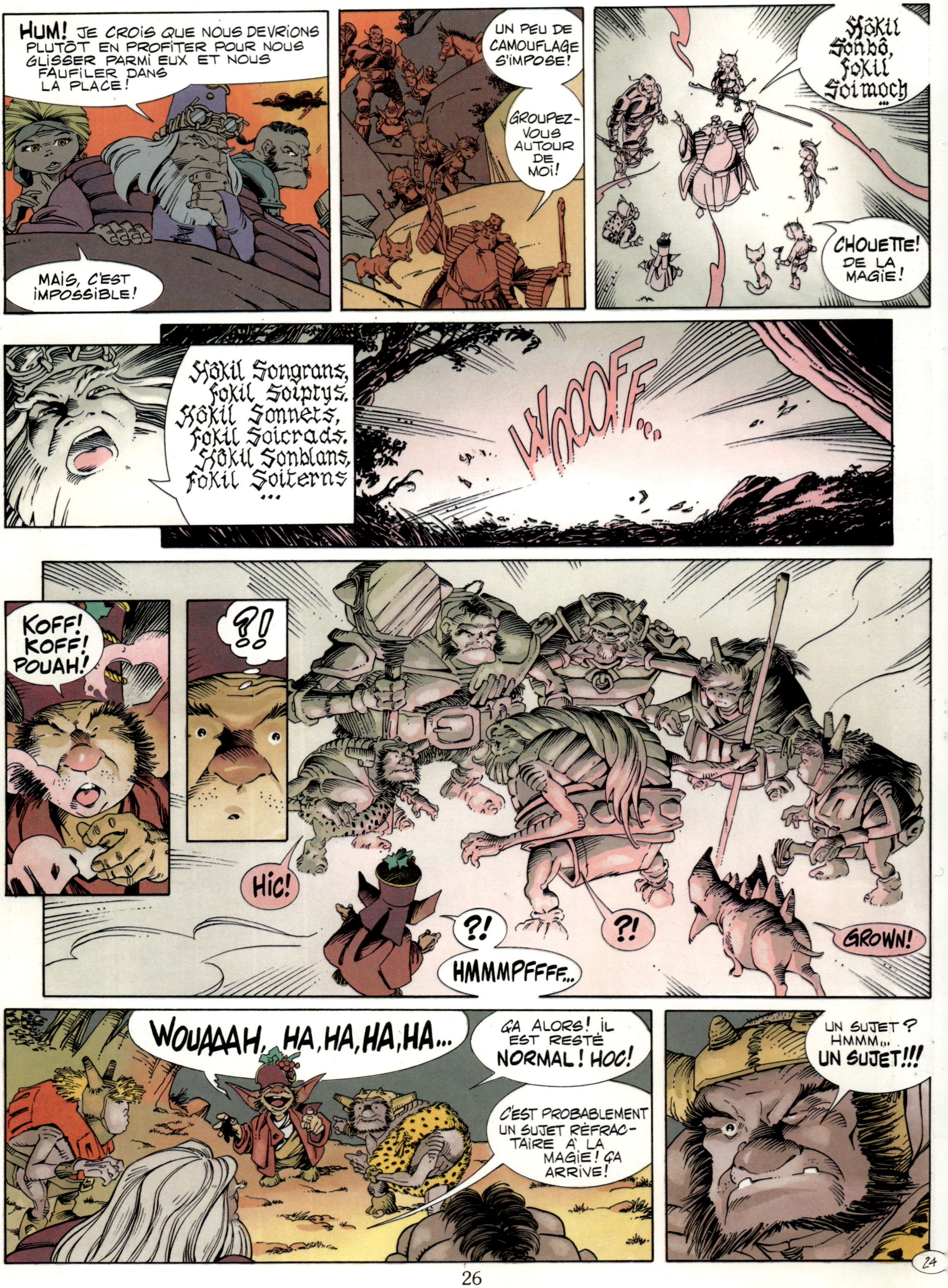
HUM! JE CROIS QUE NOUS DEVRIONS PLUTÔT EN PROFITER POUR NOUS GLISSER PARMI EUX ET NOUS FAUFILER DANS LA PLACE!
MAIS, C'EST IMPOSSIBLE!
UN PEU DE CAMOUFLAGE S'IMPOSE!
GROUPEZ-VOUS AUTOUR DE MOI!
Hôkil Sonbô, Fokil Soimoch...
CHOUETTE! DE LA MAGIE!
Hôkil Songrans, Fokil Soiprys. Hôkil Sonnets, Fokil Soicrads. Hôkil Sonblans, Fokil Soiterns...
WOOOFF...
KOFF! KOFF! POUAH!
?!
Hic!
?!
HMMMPFFFF...
?!
GROWN!
WOUAAAH, HA, HA, HA, HA...
ÇA ALORS! IL EST RESTÉ NORMAL! HOC!
C'EST PROBABLEMENT UN SUJET RÉFRACTAIRE À LA MAGIE! ÇA ARRIVE!
UN SUJET? HMMM... UN SUJET!!!
24

ET DEPUIS QUAND UN FIDÈLE SUJET SE MOQUE-T-IL DE MA MAJESTÉ SÉRÉNISSIME ?
ET RÉFRACTAIRE, EN PLUS ! HIPS !
?!
RETOURNE AU VILLAGE NOUS ATTENDRE AVEC LES MULES, SI TU VEUX RESTER MON GRAND SOMMELIER GÉNÉRAL !
SUIVEZ-MOI...
... ET N'OUBLIEZ PAS QUE VOUS N'ÊTES PAS RÉELLEMENT DEVENUS DES CAVERNEUX, MAIS QUE VOUS EN DONNEZ SEULEMENT L'ILLUSION...
... ALORS SOYEZ DISCRETS !
SI UN DOUTE S'INSINUE DANS LEURS ESPRITS MALINGRES, LE CHARME SERA ROMPU.
BON, ON EST À L'INTÉRIEUR MAINTENANT ! ON SE LES FAIT ?
NON, BRUTUS, ON SUIT LE MOUVEMENT !
CRRUÜÜ-BOOOM !!!

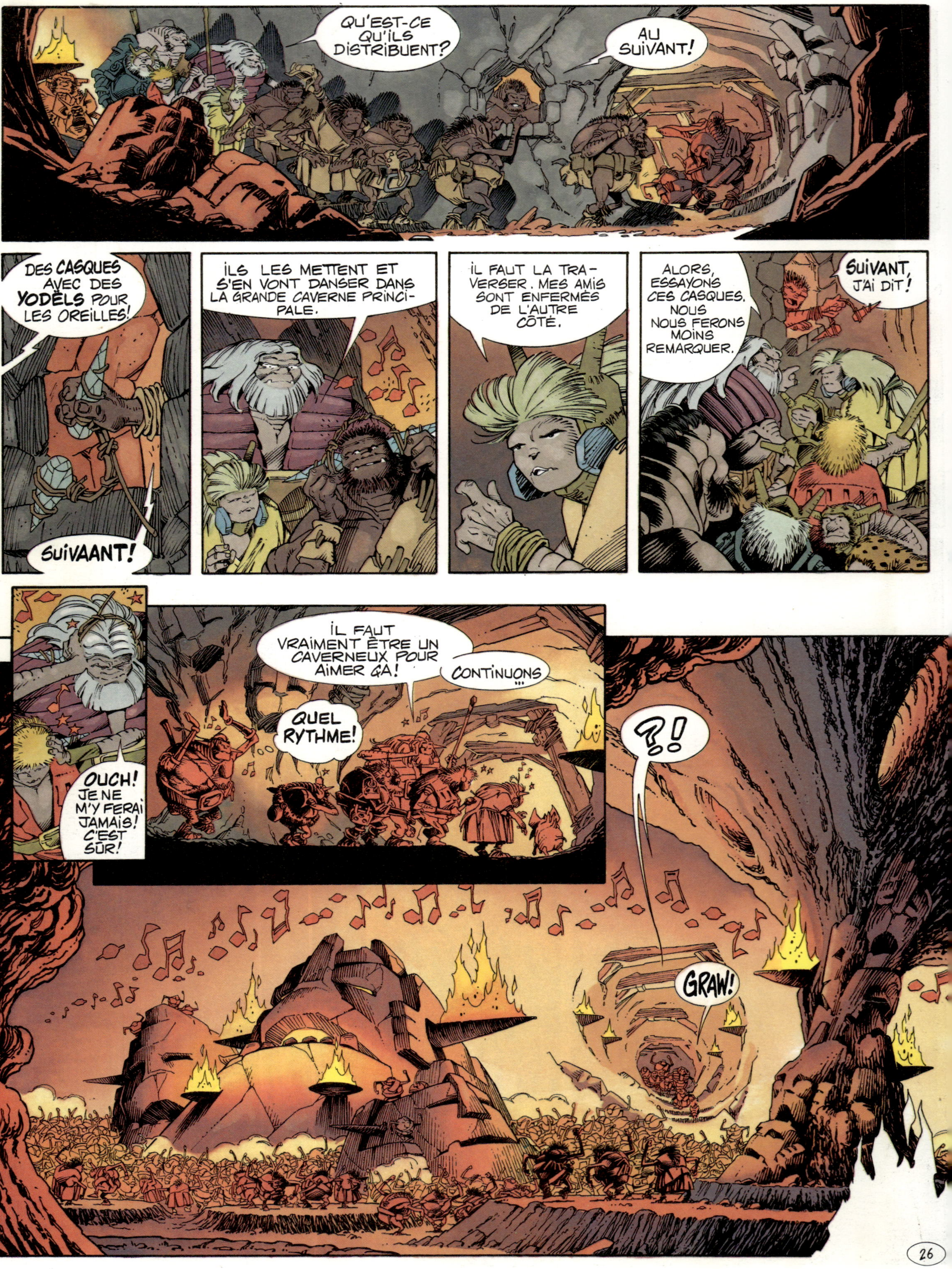
QU'EST-CE QU'ILS DISTRIBUENT?
AU SUIVANT!
DES CASQUES AVEC DES YODÈLS POUR LES OREILLES!
SUIVAANT!
ILS LES METTENT ET S'EN VONT DANSER DANS LA GRANDE CAVERNE PRINCIPALE.
IL FAUT LA TRAVERSER. MES AMIS SONT ENFERMÉS DE L'AUTRE CÔTÉ.
ALORS, ESSAYONS CES CASQUES. NOUS NOUS FERONS MOINS REMARQUER.
SUIVANT, J'AI DIT!
OUCH! JE NE M'Y FERAI JAMAIS! C'EST SÛR!
IL FAUT VRAIMENT ÊTRE UN CAVERNEUX POUR AIMER ÇA!
CONTINUONS...
QUEL RYTHME!
?!
GRAW!
26

NE TRAÎNONS PAS LÀ-DEDANS!
HAAALTE!
FINI DE VOUS TRÉMOUSSER, BANDE DE BONS À RIEN! J'AI DES CHOSES À VOUS DIRE!
OUF!
J'AI DÉCIDÉ DU CHANGEMENT EN HAUT LIEU!
À PARTIR DE MAINTENANT, JE RÈGNE AVEC MES **AMIS** LES FRÈRES **GOBELÉON.**
ÇA ALORS! ILS ONT ÉCHAPPÉ AUX MOINES!
LA MAUVAISE HERBE REPOUSSE TOUJOURS!
CEUX QUI NE SONT PAS D'ACCORD ONT LE DROIT DE LE DIRE AVANT D'ÊTRE EXÉCUTÉS...
...CAR JE SUIS POUR LA LIBERTÉ D'EXPRESSION!
À VOUS LA PAROLE, VOS MAJESTÉS!
VAS-Y, TOI!
AHEM...
CAVERNEUX! UN GROUPUSCULE SUBVERSIF COMPOSÉ D'HUMAINS, DE LUTINS ET DE GNÔMES, SÈME LE DÉSORDRE SUR NOTRE BEAU TERRITOIRE!

C'EST QUOI, UN GNÔME ?
COMME UN NAIN, MAIS AVEC MOINS À BOUFFER AUTOUR !
C'EST POURQUOI NOS ALTESSES ESTIMENT NÉCESSAIRE DE LEVER UNE ARMÉE POUR ÉCRASER CES CONSPIRATEURS...
... VOUS ÊTES TOUS VOLONTAIRES !
AÏE !
C'EST POUR NOUS !
ON VA ENCORE PRENDRE DES COUPS !
L'ENNEMI EST MOINS D'UNE DIZAINE !
BRAVO !
À MORT L'ENNEMI !
OUAiiis!!!
VIVE LES CHEFS !
ET PROSTERNEZ-VOUS QUAND ON VOUS CAUSE !
!
PAR ACIDAHOUZE ! ÇA BOUGE !
CLAP ! CLAP ! CLAP !
HÉ, TOI LÀ-BAS !
OH, NON...

C'EST LUI! JE RECONNAIS LE GRAND!
ILS SONT PARMI NOUS! SAISISSEZ-LES!!!
WOOOFF...
SATABOUCQ! MON SORT EST FICHU!
!?
?!?!
ILS NOUS ENCERCLENT !..
NOUS SOMMES FAITS!
TOUT ÇA À CAUSE DE CET IMBÉCILE DE...
?!
KOM-PI-LOOOR
FRANCHEMENT! JE NE COMPRENDS PAS TES STRATÉGIES!
MOI, J'AURAIS COMMENCÉ PAR LÀ!
CRUNCH!
FAUT TOUJOURS QUE TU COMPLIQUES TOUT!
MRRRMMMMPH...
AH, VOUS, C'EST PAS L'MOMENT!!!
ZZAZT!!

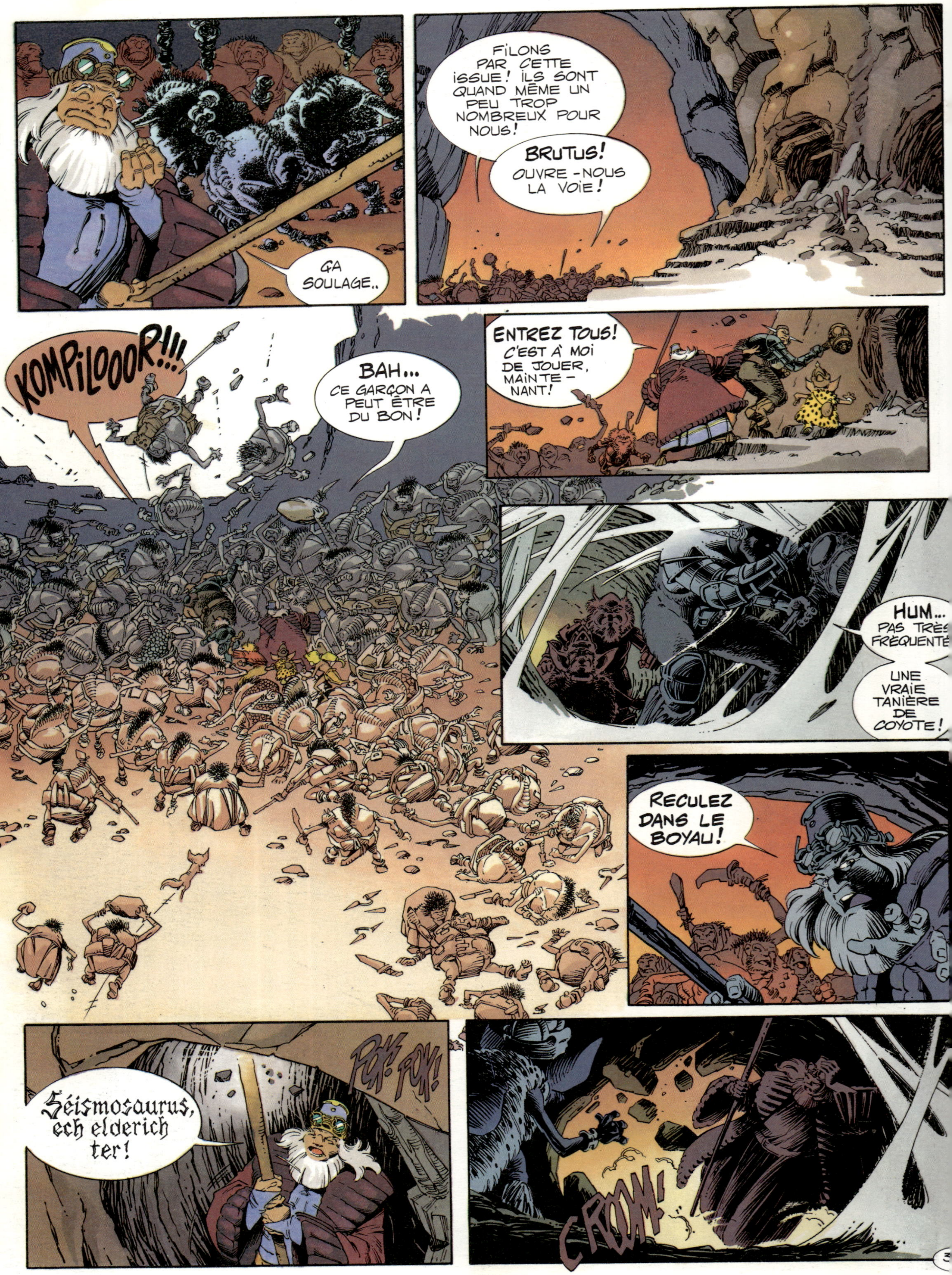
ÇA SOULAGE..
FILONS PAR CETTE ISSUE! ILS SONT QUAND MÊME UN PEU TROP NOMBREUX POUR NOUS!
BRUTUS! OUVRE-NOUS LA VOIE!
KOMPILOOOR!!!
BAH... CE GARÇON A PEUT ÊTRE DU BON!
ENTREZ TOUS! C'EST À MOI DE JOUER, MAINTE-NANT!
HUM... PAS TRÈS FRÉQUENTÉ
UNE VRAIE TANIÈRE DE COYOTE!
RECULEZ DANS LE BOYAU!
POK! POK!
Séismosaurus, ech elderich ter!
CROOM!

ROUMBLLLL...
MALÉDICTION!
ILS S'EN TIRENT ENCORE!
NON! ILS SE SONT CAPTURÉS TOUT SEULS!
VOUS ÊTES CONTENTS?
CE DÉDALE DE SOUTERRAINS EST ABANDONNÉ, ET VOICI LA SEULE ISSUE!
ALORS, INTERDICTION DE DÉBLAYER LE PASSAGE!
ON VA LES LAISSER MOURIR DE FAIM DANS LE NOIR
YARK, YARK!
AU SECOURS! HIC!
JE NE VEUX PAS MOURIR DE SOIF DANS LE NOIR! HOC!
QUELQU'UN A DE QUOI FAIRE DU FEU?
ON AURAIT DÛ PENSER AUX TORCHES!
Gen héral elek trik ...
AAAAAH!!!
MILLE CHATS NOIRS!
OÙ SONT AYRELLE ET FIZZEI?
!??...

QUELLE GUIGNE DE S'ÊTRE LAISSÉS DISTANCER!
UNE CHANCE POUR NOUS!
TES AMIS SE SONT ENFERMÉS DANS UNE VOIE SANS ISSUE!
NE T'EN FAIS PAS TROP POUR MES AMIS! ILS ONT CONNU PIRE!
LES TIENS ONT BEAUCOUP PLUS BESOIN DE NOUS!
FILONS PENDANT QUE LES CAVERNEUX SONT TOUS AUTOUR DE L'ÉBOULEMENT!
... ET ALORS, LE SORCIER GOBELÉON, QUI N'ÉTAIT PAS TRÈS DOUÉ, ÉTERNUA AU BEAU MILIEU DE LA FORMULE MAGIQUE CENSÉE FAIRE APPARAITRE UN DOUBLE DU TAS D'OR QU'IL AVAIT DEVANT LUI...
Fric Oseille Talbins ...
Brouzouff Fafiots Thunes...
AAT... AAAAT...
ATCHAAAAA!!!
"... CE QUI EUT POUR EFFET DE CRÉER UN DOUBLE..."
"... NON PAS DU TAS D'OR..."
SNIFF!
32

"... MAIS DE GOBELÉON LUI-MÊME."
" VIL, VÉNAL, SOURNOIS ET STUPIDE... BREF : CONFORME À L'ORIGINAL!"
" À PEINE LA SURPRISE PASSÉE, ILS COMMENCÈRENT À SE CHAMAILLER, CHACUN REVENDIQUANT LA PROPRIÉTÉ DE L'OR RESTANT!"
"... MAIS LE SORTILÈGE EN AVAIT FAIT DE VRAIS JUMEAUX TÉLÉPATHES, ET ILS POUVAIENT AINSI DEVINER D'OÙ VIENDRAIT UN COUP AU MOMENT MÊME OÙ L'AUTRE PENSAIT À LE DONNER! IMPOSSIBLE DONC DE S'ENTRETUER DANS CES CONDITIONS!"
PUFF... PUFF... JE CROIS QU'IL FAUT TROUVER UN COMPROMIS!
PUFF... PUFF... D'ACCORD, ON PARTAGE LES PIÈCES À PILE-OU-FACE! FACE, JE PRENDS LES CÔTÉS PILE. PILE, JE PRENDS LES CÔTÉS FACE!
" LES GOBELÉONS ALLAIENT DEVOIR APPRENDRE À COHABITER "
"CE NE FUT PAS SANS MAL, AU DÉBUT!"
ESCROC!
C'ÉTAIT MON IDÉE!
VOLEUR TOI-MÊME!
RÉPÈTE UN PEU POUR VOIR!
VOLEUR!
... ET VOILÀ POURQUOI JE CRAINS TANT POUR FIZZBI ET AYRELLE S'ILS SONT TOMBÉS ENTRE LEURS GRIFFES!
J'AI LÀ MON MATÉRIEL DE CARTOGRAPHIE, POUR NOTER NOS DÉPLACEMENTS!
SUIVEZ-MOI, NOUS ALLONS BIEN FINIR PAR TROUVER UNE SORTIE!
FAISONS CONFIANCE AU SPÉCIALISTE!
33

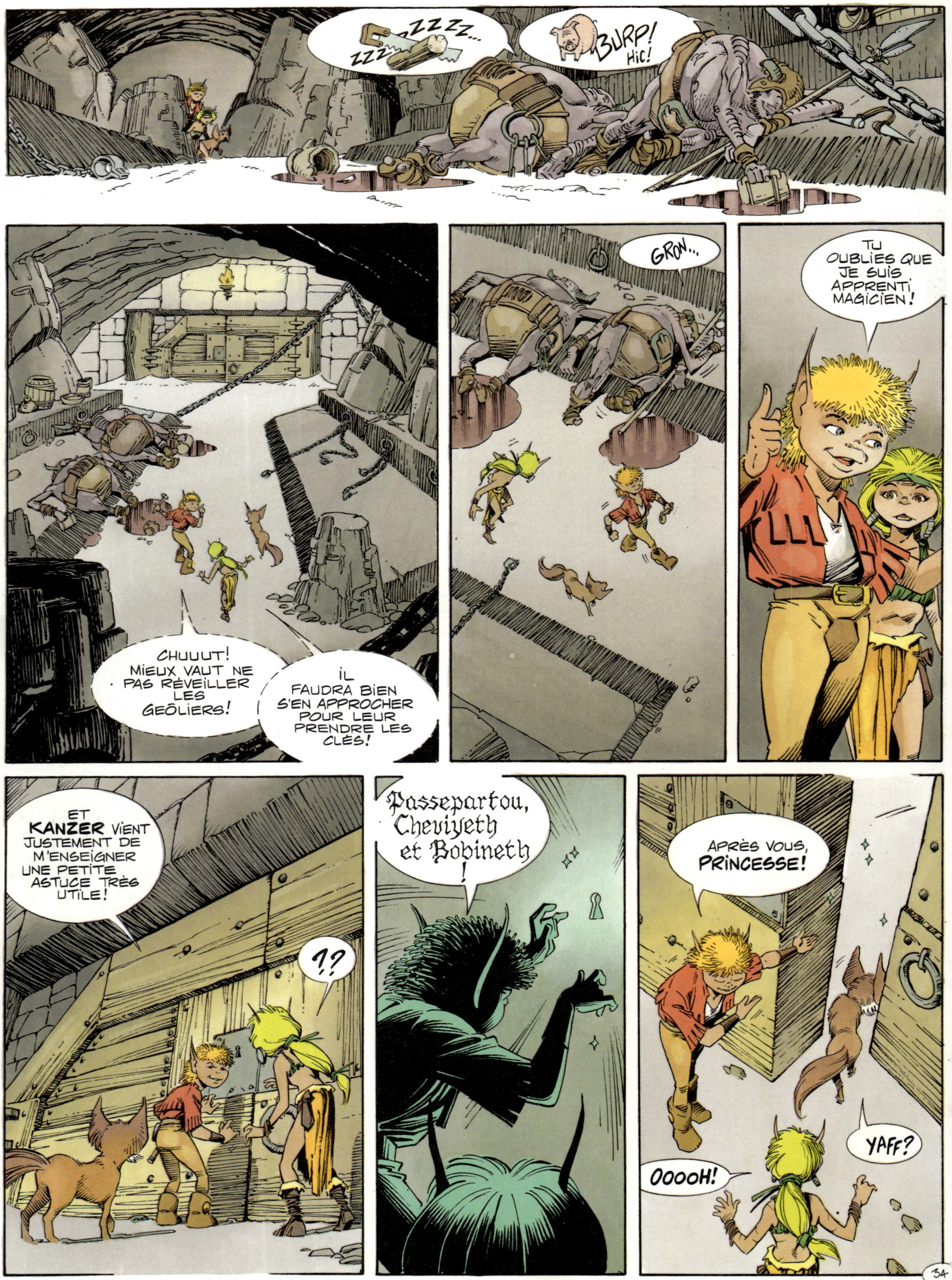
ZZZZZZZ...
BURP! HIC!
CHUUUT! MIEUX VAUT NE PAS RÉVEILLER LES GEÔLIERS!
IL FAUDRA BIEN S'EN APPROCHER POUR LEUR PRENDRE LES CLÉS!
GRON...
TU OUBLIES QUE JE SUIS APPRENTI MAGICIEN!
ET KANZER VIENT JUSTEMENT DE M'ENSEIGNER UNE PETITE ASTUCE TRÈS UTILE!
?!?
Passepartou, Cheviyeth et Bobineth !
APRÈS VOUS, PRINCESSE!
YAFF?
OOOOH!
34

?!
?!!
?!
?!?
AYRELLE ? MAIS COMMENT ES-TU REVENUE ?
GRÂCE À FIZZBI...
ET À FUZZ !
LAISSEZ-MOI VOUS RACONTER...
35

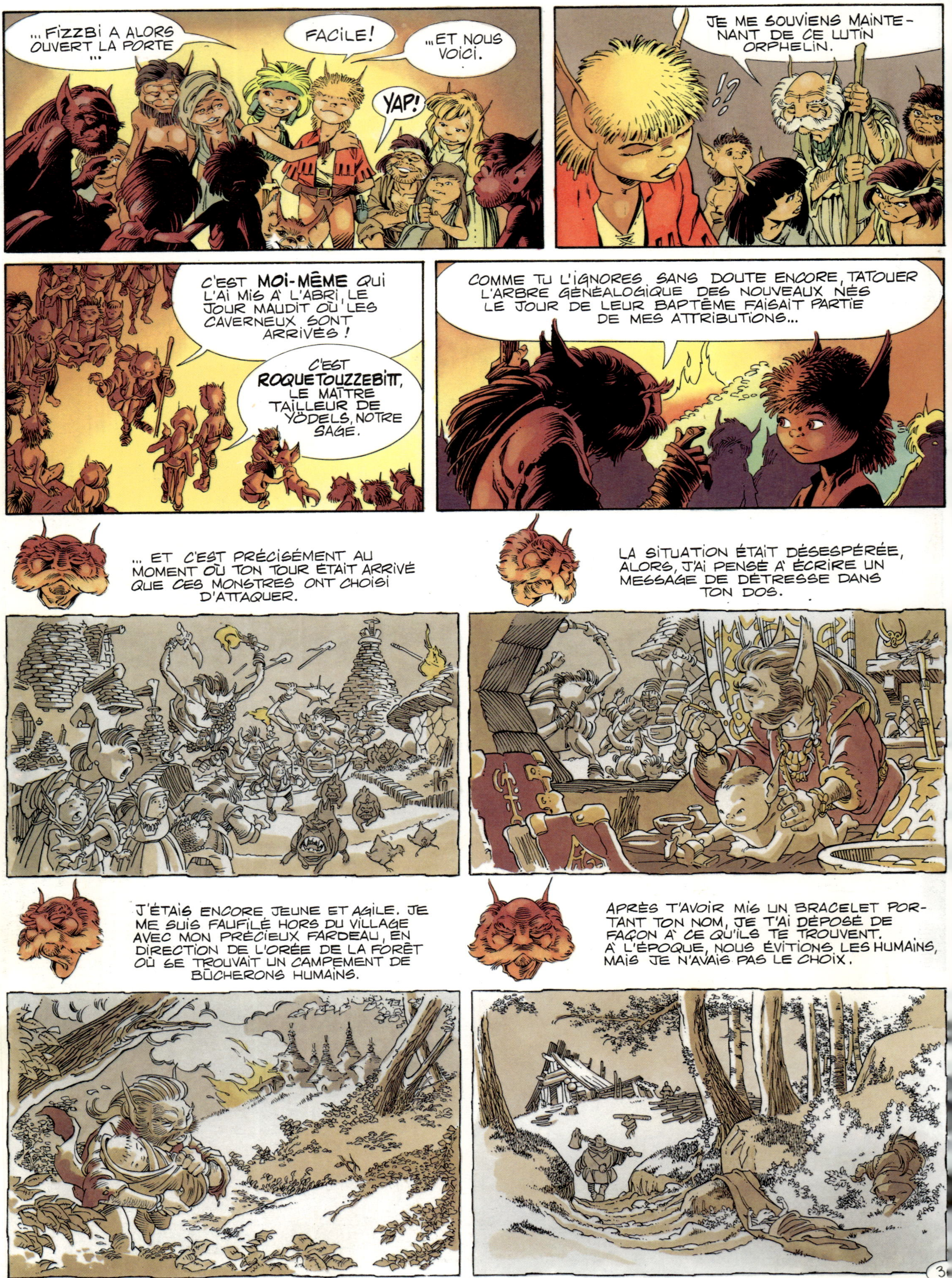

...FIZZBI A ALORS OUVERT LA PORTE ...
FACILE!
...ET NOUS VOICI.
YAP!
JE ME SOUVIENS MAINTENANT DE CE LUTIN ORPHELIN.
!?
C'EST MOI-MÊME QUI L'AI MIS À L'ABRI, LE JOUR MAUDIT OÙ LES CAVERNEUX SONT ARRIVÉS !
C'EST ROQUETOUZZEBITT, LE MAÎTRE TAILLEUR DE YÖDELS, NOTRE SAGE.
COMME TU L'IGNORES SANS DOUTE ENCORE, TATOUER L'ARBRE GÉNÉALOGIQUE DES NOUVEAUX NÉS LE JOUR DE LEUR BAPTÊME FAISAIT PARTIE DE MES ATTRIBUTIONS...
... ET C'EST PRÉCISÉMENT AU MOMENT OÙ TON TOUR ÉTAIT ARRIVÉ QUE CES MONSTRES ONT CHOISI D'ATTAQUER.
LA SITUATION ÉTAIT DÉSESPÉRÉE, ALORS, J'AI PENSÉ À ÉCRIRE UN MESSAGE DE DÉTRESSE DANS TON DOS.
J'ÉTAIS ENCORE JEUNE ET AGILE. JE ME SUIS FAUFILÉ HORS DU VILLAGE AVEC MON PRÉCIEUX FARDEAU, EN DIRECTION DE L'ORÉE DE LA FORÊT OÙ SE TROUVAIT UN CAMPEMENT DE BÛCHERONS HUMAINS.
APRÈS T'AVOIR MIS UN BRACELET PORTANT TON NOM, JE T'AI DÉPOSÉ DE FAÇON À CE QU'ILS TE TROUVENT. À L'ÉPOQUE, NOUS ÉVITIONS LES HUMAINS, MAIS JE N'AVAIS PAS LE CHOIX.

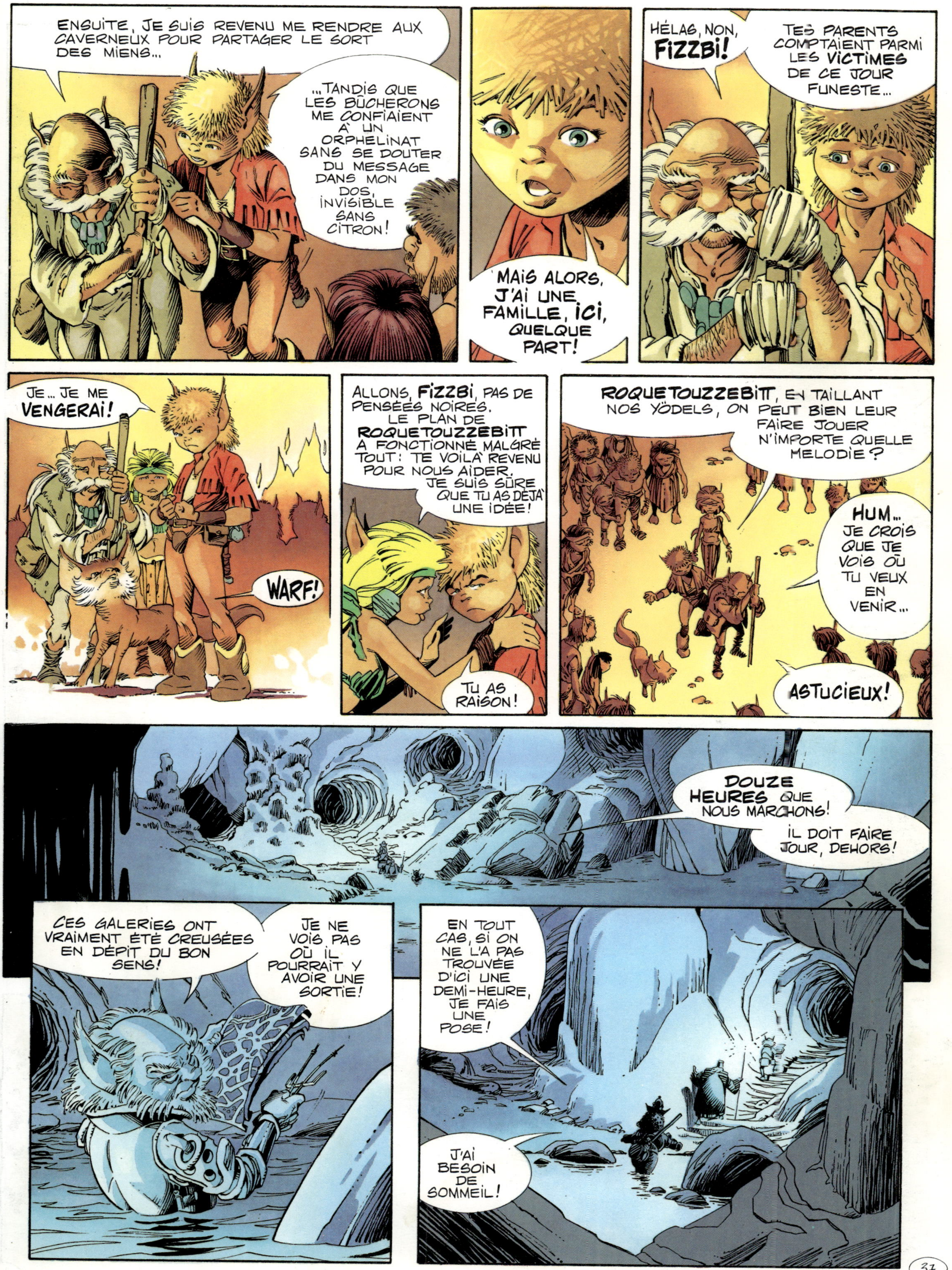
ENSUITE, JE SUIS REVENU ME RENDRE AUX CAVERNEUX POUR PARTAGER LE SORT DES MIENS...
...TANDIS QUE LES BÛCHERONS ME CONFIAIENT À UN ORPHELINAT SANS SE DOUTER DU MESSAGE DANS MON DOS, INVISIBLE SANS CITRON!
MAIS ALORS, J'AI UNE FAMILLE, ICI, QUELQUE PART!
HÉLAS, NON, FIZZBI!
TES PARENTS COMPTAIENT PARMI LES VICTIMES DE CE JOUR FUNESTE...
JE... JE ME VENGERAI!
WARF!
ALLONS, FIZZBI, PAS DE PENSÉES NOIRES. LE PLAN DE ROQUETOUZZEBITT A FONCTIONNÉ MALGRÉ TOUT: TE VOILÀ REVENU POUR NOUS AIDER.
JE SUIS SÛRE QUE TU AS DÉJÀ UNE IDÉE!
TU AS RAISON!
ROQUETOUZZEBITT, EN TAILLANT NOS YÖDELS, ON PEUT BIEN LEUR FAIRE JOUER N'IMPORTE QUELLE MÉLODIE?
HUM... JE CROIS QUE JE VOIS OÙ TU VEUX EN VENIR...
ASTUCIEUX!
DOUZE HEURES QUE NOUS MARCHONS!
IL DOIT FAIRE JOUR, DEHORS!
CES GALERIES ONT VRAIMENT ÉTÉ CREUSÉES EN DÉPIT DU BON SENS!
JE NE VOIS PAS OÙ IL POURRAIT Y AVOIR UNE SORTIE!
EN TOUT CAS, SI ON NE L'A PAS TROUVÉE D'ICI UNE DEMI-HEURE, JE FAIS UNE POSE!
J'AI BESOIN DE SOMMEIL!

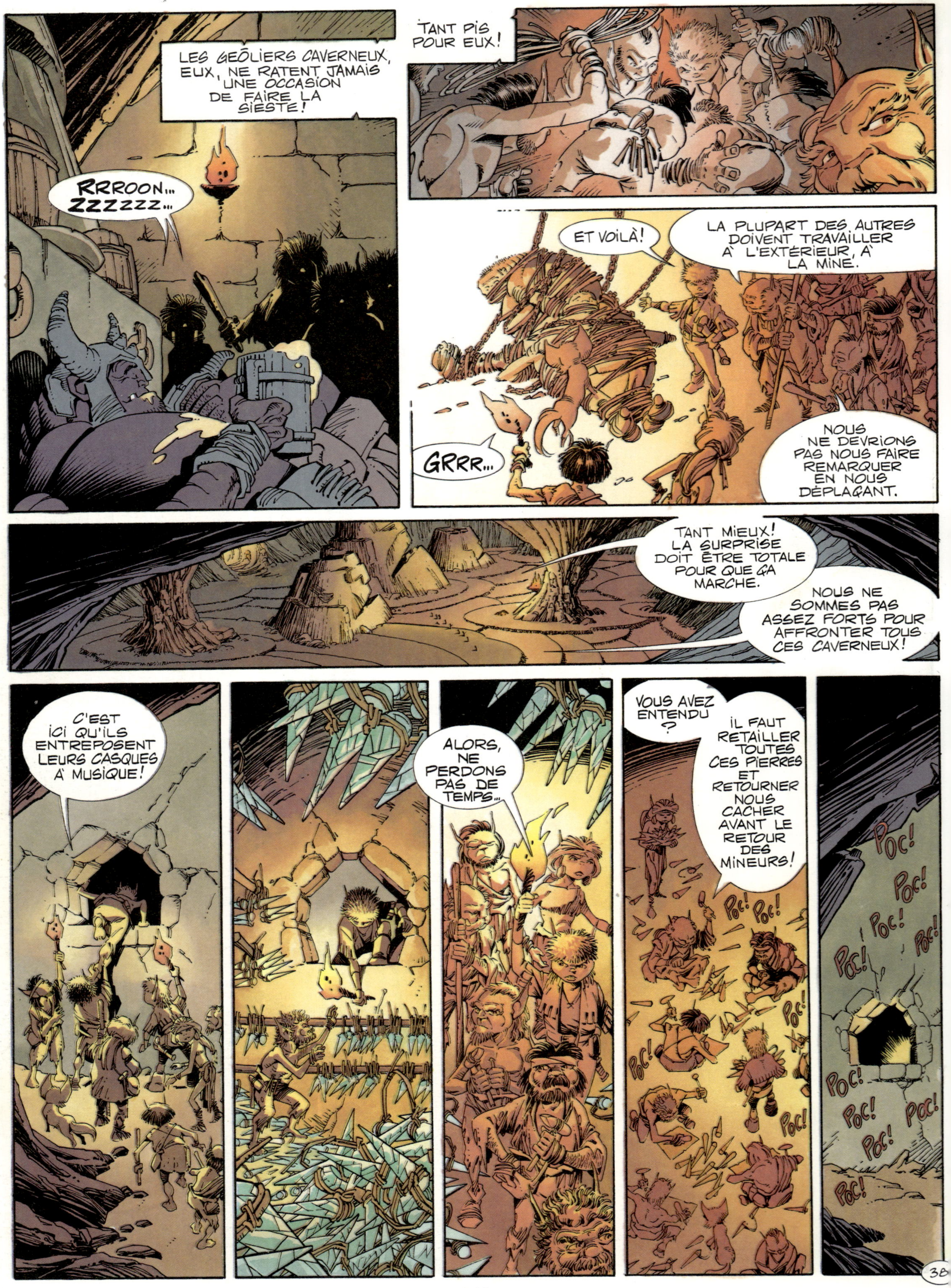
LES GEÔLIERS CAVERNEUX, EUX, NE RATENT JAMAIS UNE OCCASION DE FAIRE LA SIESTE!
RRROON... ZZZZZZ...
TANT PIS POUR EUX!
ET VOILÀ!
LA PLUPART DES AUTRES DOIVENT TRAVAILLER À L'EXTÉRIEUR, À LA MINE.
GRRR...
NOUS NE DEVRIONS PAS NOUS FAIRE REMARQUER EN NOUS DÉPLAÇANT.
TANT MIEUX! LA SURPRISE DOIT ÊTRE TOTALE POUR QUE ÇA MARCHE.
NOUS NE SOMMES PAS ASSEZ FORTS POUR AFFRONTER TOUS CES CAVERNEUX!
C'EST ICI QU'ILS ENTREPOSENT LEURS CASQUES À MUSIQUE!
ALORS, NE PERDONS PAS DE TEMPS...
VOUS AVEZ ENTENDU ?
IL FAUT RETAILLER TOUTES CES PIERRES ET RETOURNER NOUS CACHER AVANT LE RETOUR DES MINEURS!
POC! POC! POC! POC! POC! POC!
POC! POC! POC! POC! POC! POC! POC! POC! POC! POC!
38

SACRÉ BRELOK! TU ES UN VÉRITABLE CORDON BLEU!
OH, CE N'EST QU'UNE PETITE COLLATION À LA FORTUNE DU POT...
NOS ENNEMIS SONT ENFOUIS DANS LES ENTRAILLES DE LA TERRE, ET NOUS SOMMES À LA TÊTE D'UNE HORDE DE CAVERNEUX GRÂCE À CETTE PETITE PESTE!
YUK! YUK!
KLINK! KLINK!
LA CHANCE TOURNE ENFIN!
TRINQUONS À NOTRE SUCCÈS!
BROO...
ENCORE UNE DE TIRÉE!
OUAIS! ON A BIEN MÉRITÉ UN PEU DE DÉTENTE.

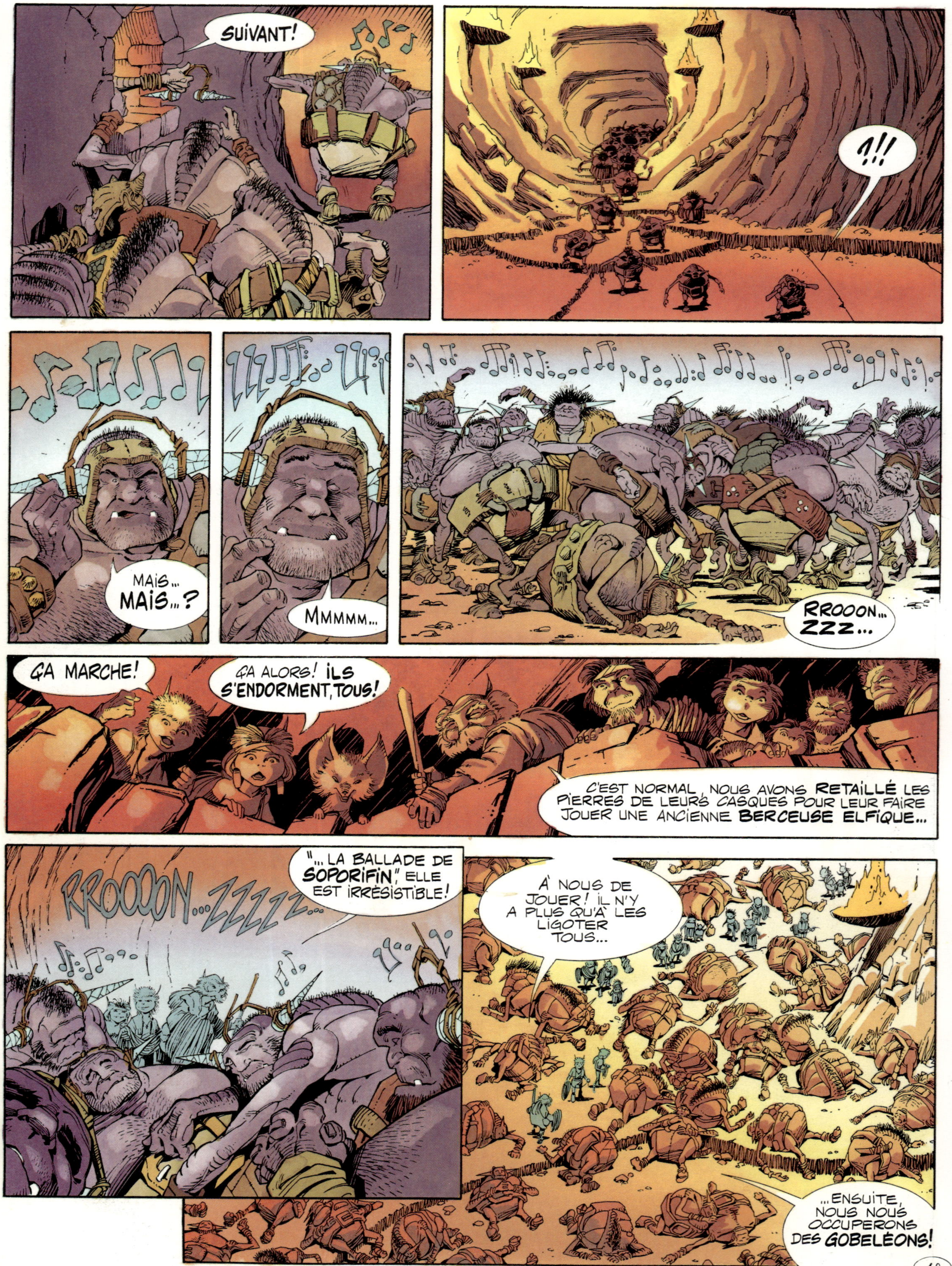
SUIVANT!
?!!
MAIS... MAIS...?
MMMMM...
RROOON... ZZZ...
ÇA MARCHE!
ÇA ALORS! ILS S'ENDORMENT, TOUS!
C'EST NORMAL, NOUS AVONS RETAILLÉ LES PIERRES DE LEURS CASQUES POUR LEUR FAIRE JOUER UNE ANCIENNE BERCEUSE ELFIQUE...
"...LA BALLADE DE SOPORIFIN", ELLE EST IRRÉSISTIBLE!
RROOOON...ZZZZZ...
À NOUS DE JOUER! IL N'Y A PLUS QU'À LES LIGOTER TOUS...
...ENSUITE, NOUS NOUS OCCUPERONS DES GOBELÉONS!
40

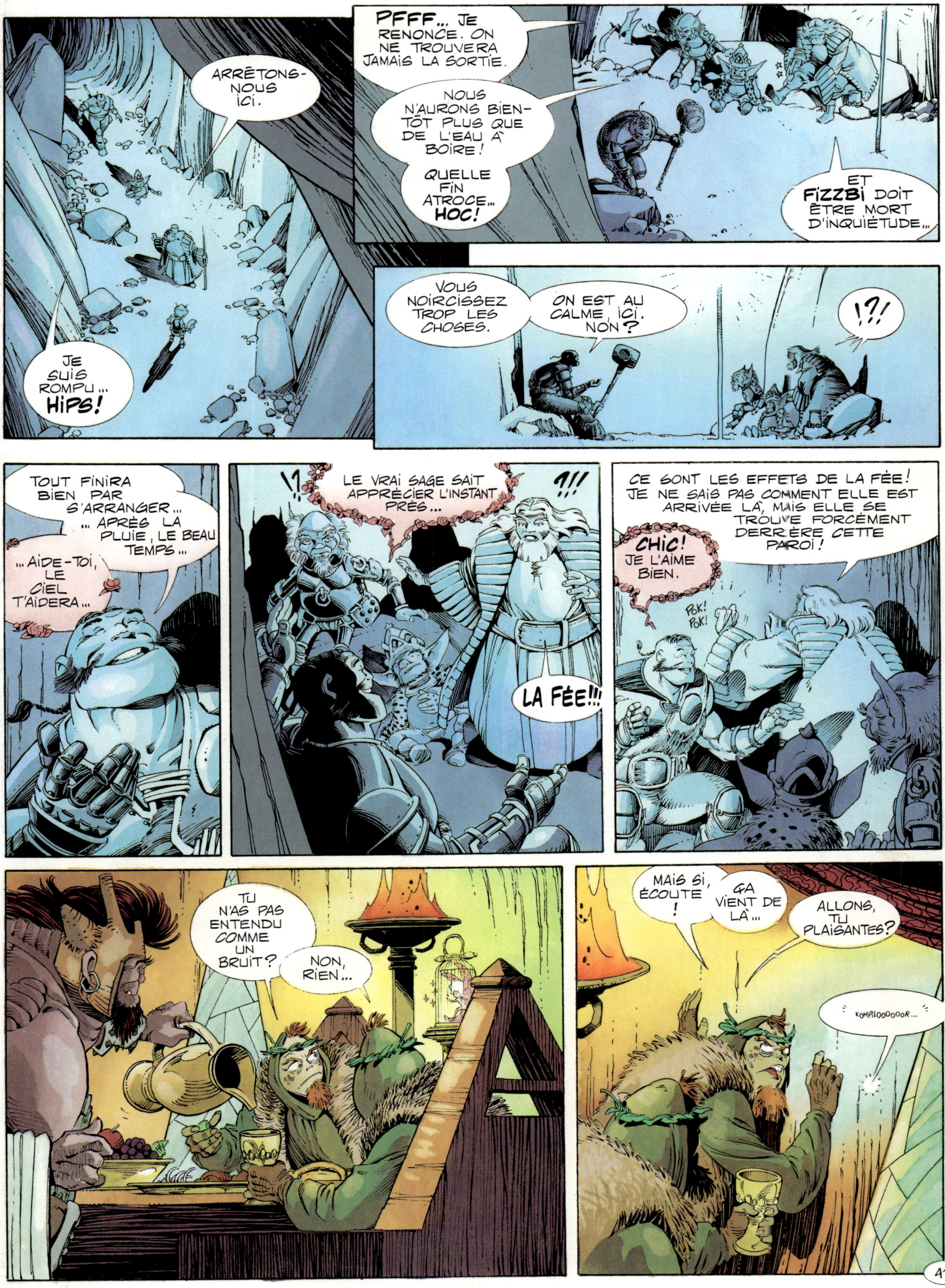
ARRÊTONS-NOUS ICI.
JE SUIS ROMPU... HIPS!
PFFF... JE RENONCE. ON NE TROUVERA JAMAIS LA SORTIE.
NOUS N'AURONS BIENTÔT PLUS QUE DE L'EAU À BOIRE!
QUELLE FIN ATROCE... HOC!
ET FIZZBI DOIT ÊTRE MORT D'INQUIÉTUDE...
VOUS NOIRCISSEZ TROP LES CHOSES.
ON EST AU CALME, ICI. NON?
!?!
TOUT FINIRA BIEN PAR S'ARRANGER... ... APRÈS LA PLUIE, LE BEAU TEMPS...
... AIDE-TOI, LE CIEL T'AIDERA...
!?
LE VRAI SAGE SAIT APPRÉCIER L'INSTANT PRÉS...
?!!
LA FÉE!!!
CE SONT LES EFFETS DE LA FÉE! JE NE SAIS PAS COMMENT ELLE EST ARRIVÉE LÀ, MAIS ELLE SE TROUVE FORCÉMENT DERRIÈRE CETTE PAROI!
CHIC! JE L'AIME BIEN.
POK! POK!
TU N'AS PAS ENTENDU COMME UN BRUIT?
NON, RIEN...
MAIS SI, ÉCOUTE!
ÇA VIENT DE LÀ...
ALLONS, TU PLAISANTES?
KOMPILOOOOOOOR...
41

PAW!
LES FRÈRES GOBELÉON!
TAÏAUT!!!
OH, NON!
PAS EUX!..
MON MUR!
FUYONS!
À VOS ORDRES!
PLACE!
MMHFF...
SLAM!
ESPÉRONS QUE ÇA LES RETIENDRA UNE MINUTE...
... HISTOIRE DE PRENDRE UN PEU D'AVANCE!
UN INSTANT, UN DOUTE M'AS-SAILLE!
QUOI ENCORE?
LA FÉE, ON L'A BIEN OUBLIÉE À L'INTÉRIEUR?
ET BRELOK EST HORS DU RAYON D'ACTION DE...
RHAAAA!!!
VOUS ALLEZ ME PAYER ÇA!
KLONG

KOMPILOOOOOR...
CRAAAAK!
... ET IL EST AUSSI TRÈS DOUÉ POUR LA BARZOINGUE À CORDES!
LA GRANDE SALLE! IL NOUS RESTE UNE CHANCE DE...
OH!
AH!
ON SE REND! MAIS PROTÉGEZ-NOUS DE L'AUTRE!!
ON A DES CIRCONSTANCES ÉTERNLANTES, UNE ENFANCE MALHEUREUSE, ET TOUT!
LE VOILÀ!

?!
TU ES FAIT, BRELOK!
TU VAS DEVOIR RÉPONDRE DE TOUT LE MAL QUE TU AS CAUSÉ!
LAISSEZ-LE-MOI!
GRRR...
VOUS NE M'AUREZ PAS!
GROW-RRR...
YAP! YAP!
TU NE T'EN TIRERAS PAS COMME ÇA, BRELOK!
NOUS AVONS UN COMPTE À RÉGLER!
FIZZBI! REDESCENDS! TU VAS TE ROMPRE LE COU!
DE TOUTE FAÇON, IL NE PEUT PAS S'ÉCHAPPER!
ET JE L'AI VU LE PREMIER!
CE SONT MES AFFAIRES!
C'EST À MOI ET À MON PEUPLE QU'IL S'EN EST PRIS!
ATTENTION!!!

GRRR...
?!
PUMF!
OOOOOFF
!!
AAAAAAAAAAH!!!
TUMP!
BRAVO, BRUTUS!
JE TE RECONNAIS BIEN LÀ!
PONK!
45

PLUS TARD...
CES MAUDITS LUTINS ONT VRAIMENT ÉTÉ D'UNE CRUAUTÉ SANS NOM AVEC NOUS !
ÇA C'EST VRAI !
SURTOUT PAR RAPPORT AUX CAVERNEUX...
...ILS SE SONT CONTENTÉS DE LES DÉSARMER ET DE LES RENVOYER DE L'AUTRE CÔTÉ DE LA MONTAGNE, AVANT DE MURER LES ACCÈS À LA MINE !
MAIS NOUS, ILS NOUS ONT REMIS ENTRE LES GRIFFES DE CES MONSTRES !
QUAND ON SAIT COMBIEN ILS NOUS EN VEULENT DE LA MORT DE BRELOK, C'EST CRIMINEL !
TU VAS VOIR QU'ILS VONT NOUS FORCER À TRAVAILLER !
OH, NON ! PAS ÇA !
AVANCEZ, VERMINES !
AU TRAVAIL !
IL FAUT RECONSTRUIRE NOTRE VILLAGE !
ET SI NOUS ARROSIONS D'ABORD NOTRE VICTOIRE, MON CHER COUSIN ? HOC !
FIN